Impressum
Verlag: BABADADA GmbH, Nedderfeld 112 , 22529 Hamburg
Geschäftsführer / Verlagsleitung: Harald Hof
Druck: Books on Demand GmbH, In de Tarpen 42, 22848 Norderstedt

Imprint
Publisher: BABADADA GmbH, Nedderfeld 112 , 22529 Hamburg, Germany
Managing Director / Publishing direction: Harald Hof
Print: Books on Demand GmbH, In de Tarpen 42, 22848 Norderstedt, Germany

AF219544

chikoro

школа

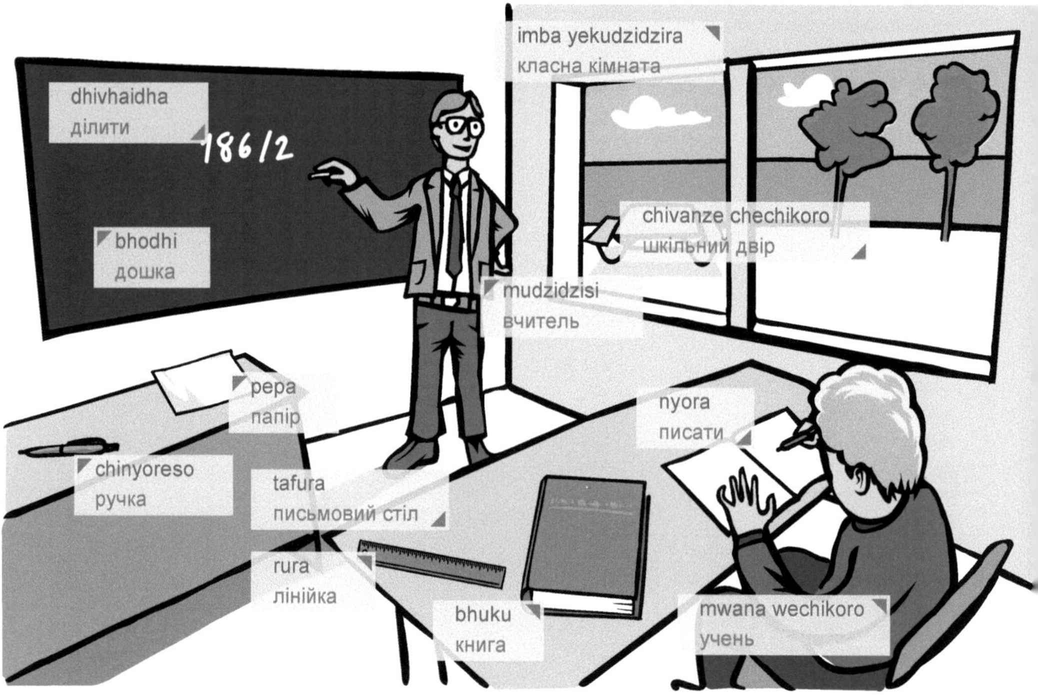
imba yekudzidzira
класна кімната
dhivhaidha
ділити
186/2
bhodhi
дошка
chivanze chechikoro
шкільний двір
mudzidzisi
вчитель
pepa
папір
nyora
писати
chinyoreso
ручка
tafura
письмовий стіл
rura
лінійка
bhuku
книга
mwana wechikoro
учень

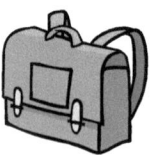

bhegi

ранець

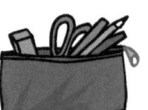

chekuchengetera mapenzura

пенал

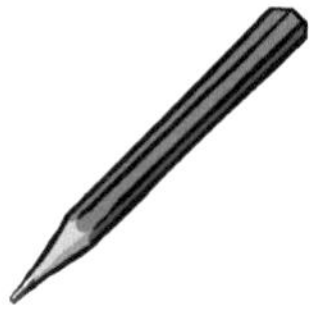

penzura

олівець

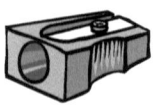

chekurodzesa mapenzura

точило

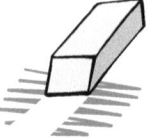

rabha

гумка

bhuku rekudhirowera mifananidzo

альбом для малювання

mufananidzo
wakadhirowewa
малюнок

bhurasho rekupendesa

пензель

bhokisi rependi

коробка фарб

chigero

ножиці

guruu

клей

bhuku rekunyorera

зошит

basa rinoitirwa kumba

домашнє завдання

nhamba

число

sanganisa

додавати

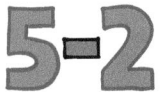

bvisa

віднімати

wanziridza

множити

kakureta

рахувати

bhii

літера

arufabheti

абетка

hello

shoko

слово

chikoro - школа

mashoko

текст

kuverenga

читати

choko

крейда

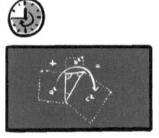

chidzidzo

година

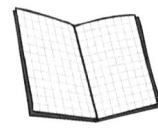

bhuku remazita

класний журнал

bvunzo

екзамен

setifiketi

диплом

yunifomu yekuchikoro

шкільна форма

dzidzo

освіта

encyclopedia

лексикон

yunivhesiti

університет

maikorosikopu

мікроскоп

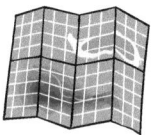

mepu

карта

bhini remapepa

кошик для паперу

rwendo

подорож

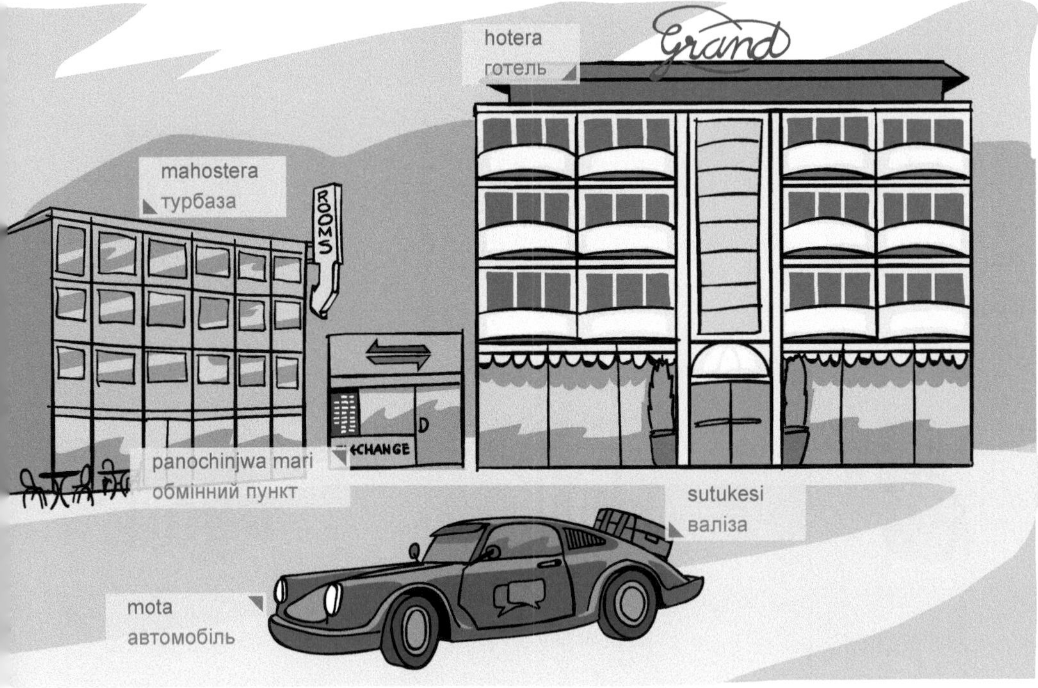

hotera
готель
Grand
mahostera
турбаза
ROOMS
panochinjwa mari
обмінний пункт
CHANGE
sutukesi
валіза
mota
автомобіль

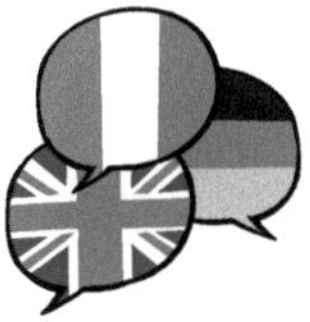

mutauro

мова

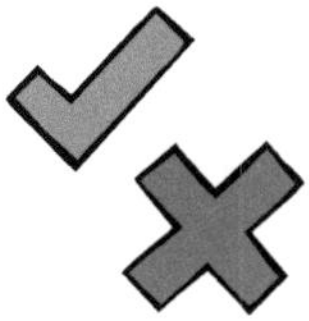

hongu / kwete

так / ні

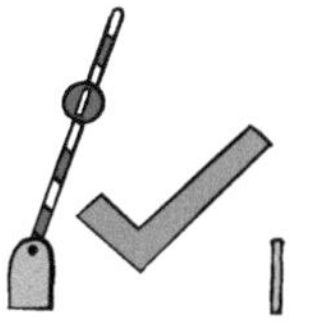

Zvakanaka

добре

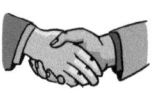

hesi

привіт

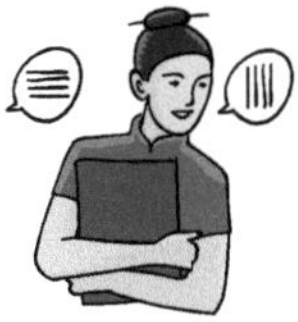

mushanduri

перекладач

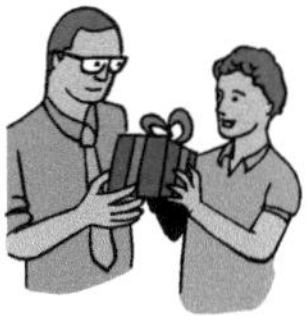

Mazvita

дякую

Imarii... ?

Скільки коштує ...?

Handisi kunzwisisa

Я не розумію

dambudziko

проблема

Manheru!

Добрий вечір!

Mangwanani!

Доброго ранку!

Murare zvakanaka

На добраніч!

toonana

До побачення

mafambiro

напрямок

katundu

багаж

bhegi

сумка

bhegi rekumusana

рюкзак

muenzi

гість

imba

кімната

bhegi rekurarira

спальний мішок

tendi

намет

mashoko evafambi

туристична інформація

mahombekombe

пляж

kadhi rekubhengi

кредитна картка

kudya kwemangwanani

сніданок

kudya kwemasikati

обід

kudya kwemanheru

вечеря

tiketi

квиток

chikwidzo

ліфт

chitambi

поштова марка

muganhu

межа

vanoona nezvekupinda munyika

митниця

vamiririri venyika

посольство

vhiza

віза

pasipoti

паспорт

zvifambiso
транспорт

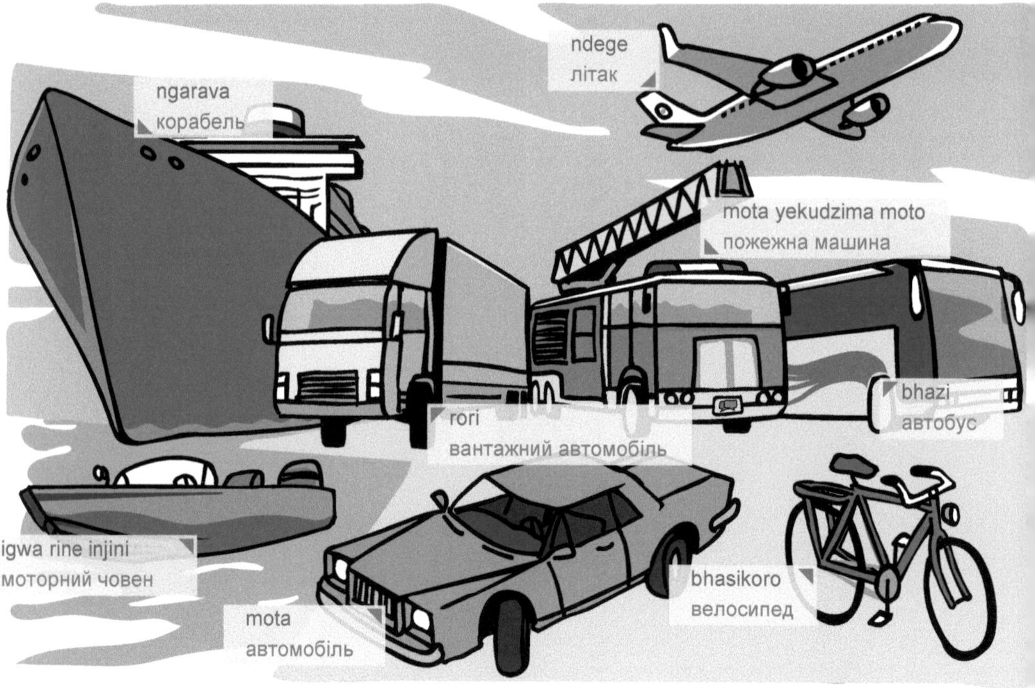

ndege
літак
ngarava
корабель
mota yekudzima moto
пожежна машина
rori
вантажний автомобіль
bhazi
автобус
igwa rine injini
моторний човен
bhasikoro
велосипед
mota
автомобіль

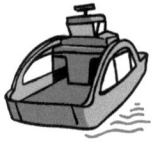

igwa

пором

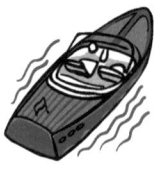

igwa

човен

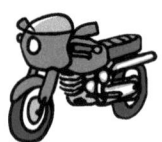

mudhudhudhu

мотоцикл

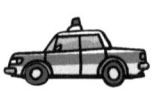

mota yemapurisa

поліцейська машина

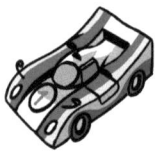

mota yemujaho

гоночний автомобіль

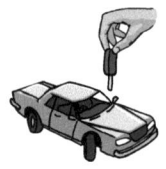

mota yekuhaya

автомобіль на прокат

kuhaya mota

спільне користування авто

mota inodhonza dzinenge dzafa

евакуатор

mota yemabhini

сміттєвоз

injini

двигун

mafuta

паливо

garaji remafuta

автозаправна станція

chikwangwani chemumugwagwa

дорожній знак

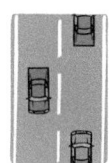

mota

рух

mota dzakawandisa

затор

panopakwa mota

стоянка

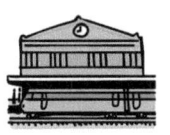

chiteshi chezvitima

вокзал

njanji

рейки

chitima

потяг

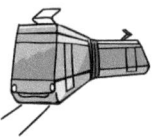

tram

трамвай

chitima

вагон

chikopokoro

гелікоптер

nhandare yendege

аеропорт

nharire

вежа

mufambi

пасажир

chikondena

контейнер

kadhibhodhi bhokisi

коробка

ngoro

візок

bhasiketi

кошик

simuka / mhara

стартувати / приземлятися

guta

місто

musha

село

pakati peguta

центр міста

imba

дім

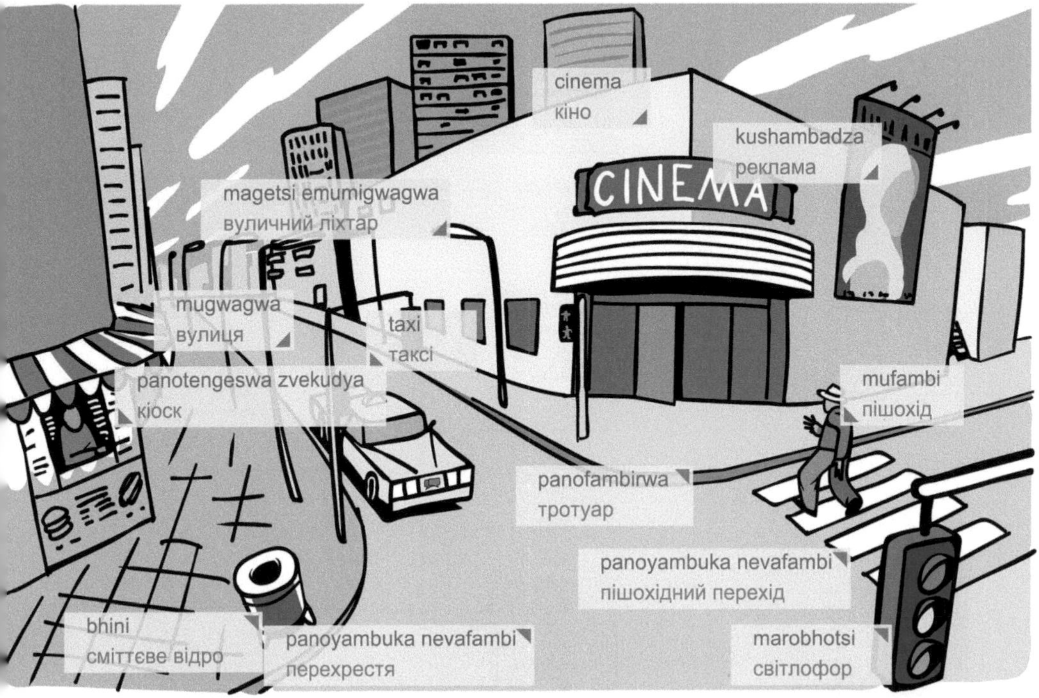
cinema
кіно
CINEMA
kushambadza
реклама
magetsi emumigwagwa
вуличний ліхтар
mugwagwa
вулиця
taxi
таксі
panotengeswa zvekudya
кіоск
mufambi
пішохід
panofambirwa
тротуар
panoyambuka nevafambi
пішохідний перехід
bhini
сміттєве відро
panoyambuka nevafambi
перехрестя
marobhotsi
світлофор

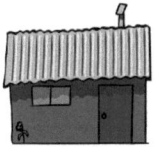

imba

хатина

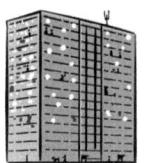

mafurati

квартира

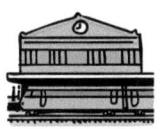

chiteshi chezvitima

вокзал

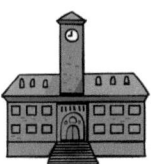

imba yeguta

ратуша

MUSEUM

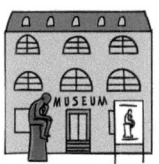

muziyamu

музей

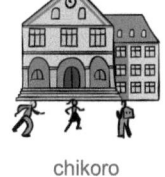

chikoro

школа

yunivhesiti

університет

bhengi

банк

chipatara

лікарня

hotera

готель

panotengeswa mishonga

аптека

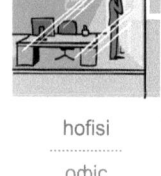

hofisi

офіс

chitoro chemabhuku

книжковий магазин

chitoro

магазин

panotengeswa maruva

квітковий магазин

supamaketi

супермаркет

musika

ринок

chitoro chine madhipatimendi

універмаг

panotengeswa hove

торговець рибою

nzimbo ine zvitoro

торговельний центр

chiteshi chengarava

гавань

paki

парк

bhenji

лава

bhiriji

міст

masitepisi

сходи

nzira inoenda nepasi

метро

mugwagwa wepasi

тунель

panokwirirwa mabhazi

автобусна зупинка

bhawa

бар

resitorendi

ресторан

bhokisi retsamba

поштова скринька

chikwangwani chemugwagwa

вулична табличка

mita yekupaka

лічильник паркування

munochengeterwa mhuka

зоопарк

kunotuhwinirwa

басейн

mosque

мечеть

purazi

ферма

kusvibisa

забруднення навколишнього середовища

kumakuva

кладовище

chechi

церква

pekutambira

дитячий майданчик

temberi

храм

mamiriro akaita nzvimbo
ландшафт

- shizha — листок
- chikwangwani — вказівний стовп
- nzira — шлях
- mafuro — луг
- dombo — камінь
- muti — дерево
- mufambi — мандрівник
- rwizi — річка
- uswa — трава
- ruva — квітка

mupata

долина

gomo

гора

dhamu

озеро

sango

ліс

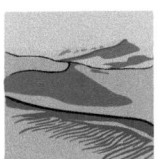

gwenga

пустеля

chikwatamabwe

вулкан

zimba

замок

muraraungu

веселка

hohwa

гриб

muchindwe

пальма

umhutu

комар

nhunzi

муха

svosve

мурашка

nyuchi

бджола

buve

павук

chipembenene

жук

datya

жаба

nungu

їжак

tsuro

заєць

zizi

сова

shiri

птах

swan

лебідь

nguruve yemusango

кабан

nondo

олень

moose

лось

dhamu

гребля

injini yemhepo

вітряк

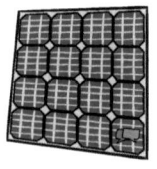

panero rezuva

сонячний модуль

mamiriro ekunze

клімат

resitorendi

ресторан

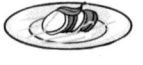

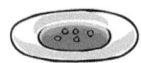

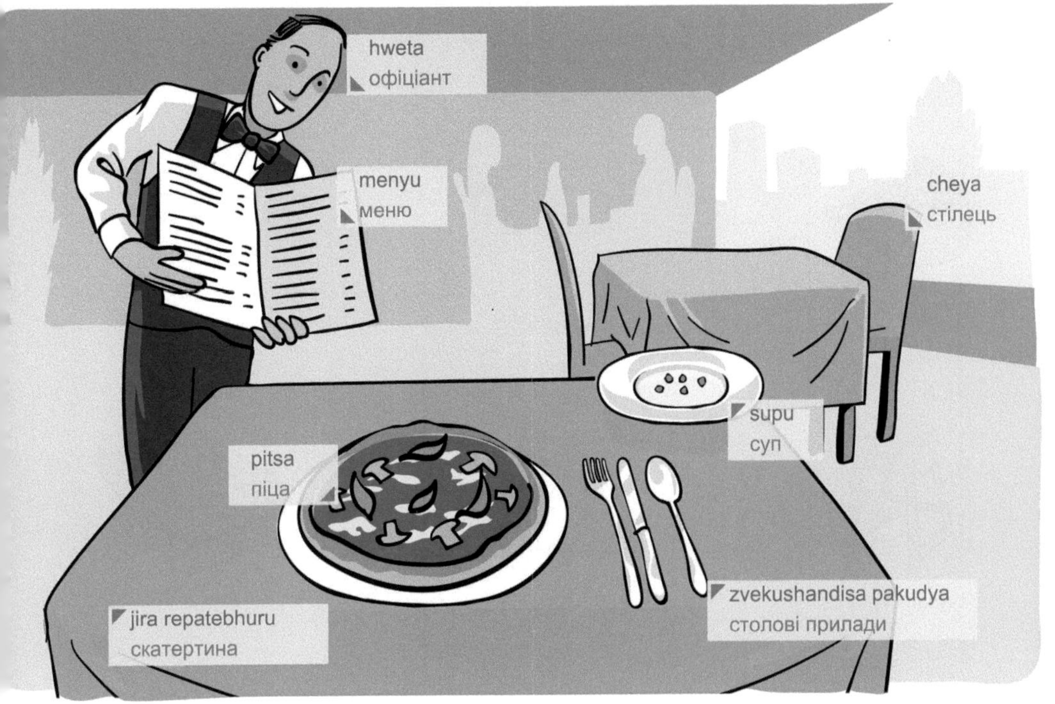

hweta
офіціант
menyu
меню
cheya
стілець
supu
суп
pitsa
піца
zvekushandisa pakudya
столові прилади
jira repatebhuru
скатертина

zvekusosa nzara

закуска

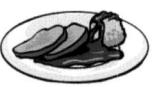

zvekudya

друга страва

zvekuseredzera

десерт

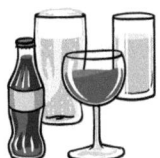

zvekunwa

напої

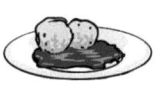

zvekudya

їжа

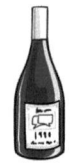

bhodhoro

пляшка

zvekudya zvisingatori nguva
kubika

фаст-фуд

chikafu chinotengeswa
munzira

вулична їжа

tipoti

чайник

gabha reshuga

цукорниця

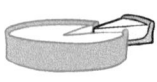

chidimbu

порція

muchina wekofi

еспресо-машина

cheya yemwana

високий стільчик

bhiri

рахунок

tureyi

піднос

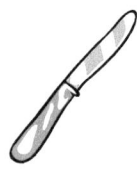

banga

ніж

forogo

вилка

chipunu

ложка

chipunu

чайна ложка

zvekupukutisa muromo

серветка

girazi

склянка

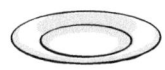

ndiro

тарілка

ndiro yesupu

тарілка для супу

ndiro

блюдце

supu

соус

chekuisira sauti

солонка

chekugaya mhiripiri

млин для перцю

vhiniga

оцет

mafuta

масло

masipaisi

спеції

ketchup

кетчуп

mustard

гірчиця

mayonaizi

майонез

supamaketi
супермаркет

zvaderedzwa mitengo
пропозиція
FOR
mutengi
клієнт
zvinogadzirwa nemukaka
молочні продукти
michero
фрукти
chingoro
візок для покупок

BUTCHERS

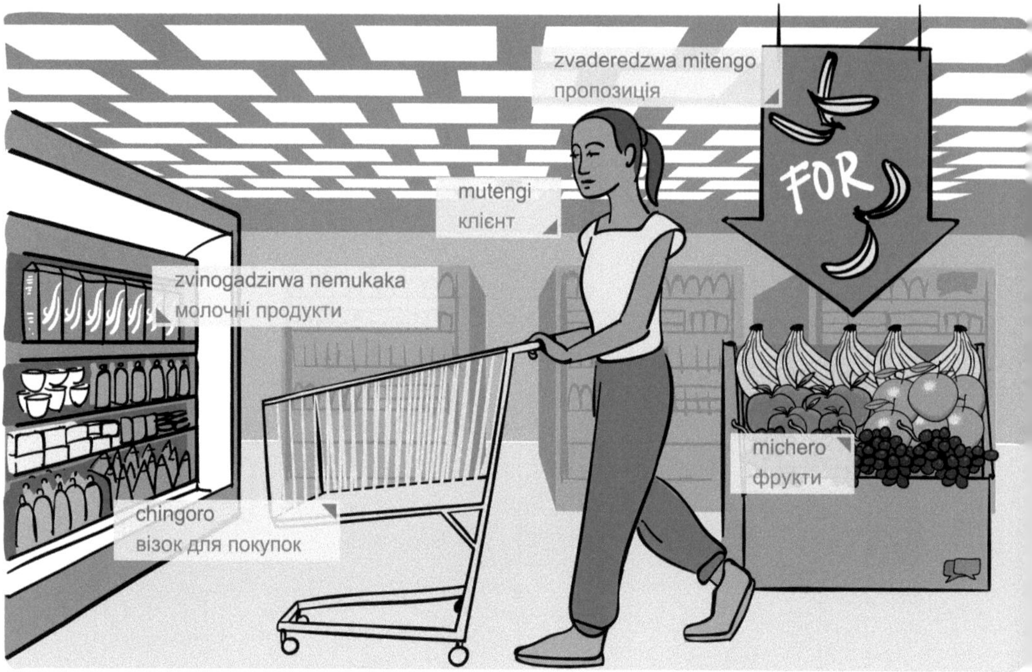

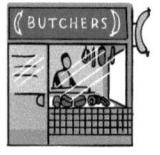

panotengeswa nyama

м'ясний магазин

BAKERY

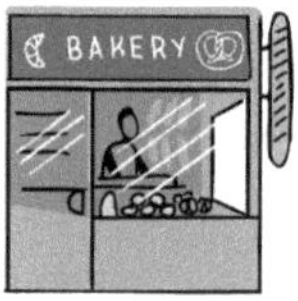

panotengeswa chingwa

пекарня

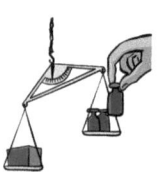

kuyera

зважувати

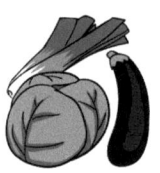

miriwo

овочі

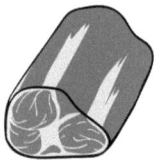

nyama

м'ясо

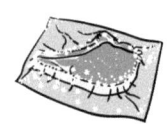

zvekudya zvakaoma nechando

заморожені продукти

nyama yakatonhora

ковбасна нарізка

zvekudya zvemugaba

консерви

sipo yeupfu yekuwachisa

пральний порошок

masuwiti

солодощі

zvekushandisa mumba

предмети домашнього побуту

zvekuchenesa nazvo

мийний засіб

mutengesi

продавщиця

tiru

каса

mutengesi

касир

zviri kuda kutengwa

список покупок

nguva dzekuvhura

часи роботи

chikwama

гаманець

kadhi rekubhengi

кредитна картка

bhegi

сумка

pepa rekuisira

поліетиленовий пакет

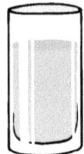

mvura

вода

muto wemichero

сік

mukaka

молоко

coke

кола

waini

вино

doro

пиво

doro

алкоголь

cocoa

какао

tii

чай

kofi

кава

kofi

еспресо

cappuccino

капучіно

bhanana

банан

apuro

яблуко

orenji

апельсин

nwiwa

кавун

ndimu

лимон

karotsi

морква

gariki

часник

mushenjere

бамбук

hanyanisi

цибуля

hohwa

гриб

nzungu

горішки

manoodle

локшина

spaghetti

спагеті

mupunga

рис

saradhi

салат

machipisi

картопля фрі

mbatatisi dzakafuraiwa

смажена картопля

pitsa

піца

chingwa chakaruma nyama

гамбургер

sangweji

бутерброд

nhindi

шніцель

ham

шинка

salami

салямі

soseji

ковбаса

huku

курка

gochwa

печеня

hove

риба

bota reoats

вівсяні пластівці

muesli

мюслі

macornflake

кукурудзяні пластівці

furawa

борошно

croissant

круасан

chingwa

булочка

chingwa

хліб

chingwa chakagochwa

тостовий хліб

mabhisikiti

печиво

bhata

масло

ige

сир

keke

пиріг

zai

яйце

zai rakafuraiwa

яєчня

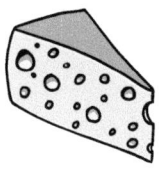

chizi

сир

aizikirimu

морозиво

shuga

цукор

huchi

мед

jemu

мармелад

chocolate yekuzora

нуга-крем

curry

карі

purazi
ферма

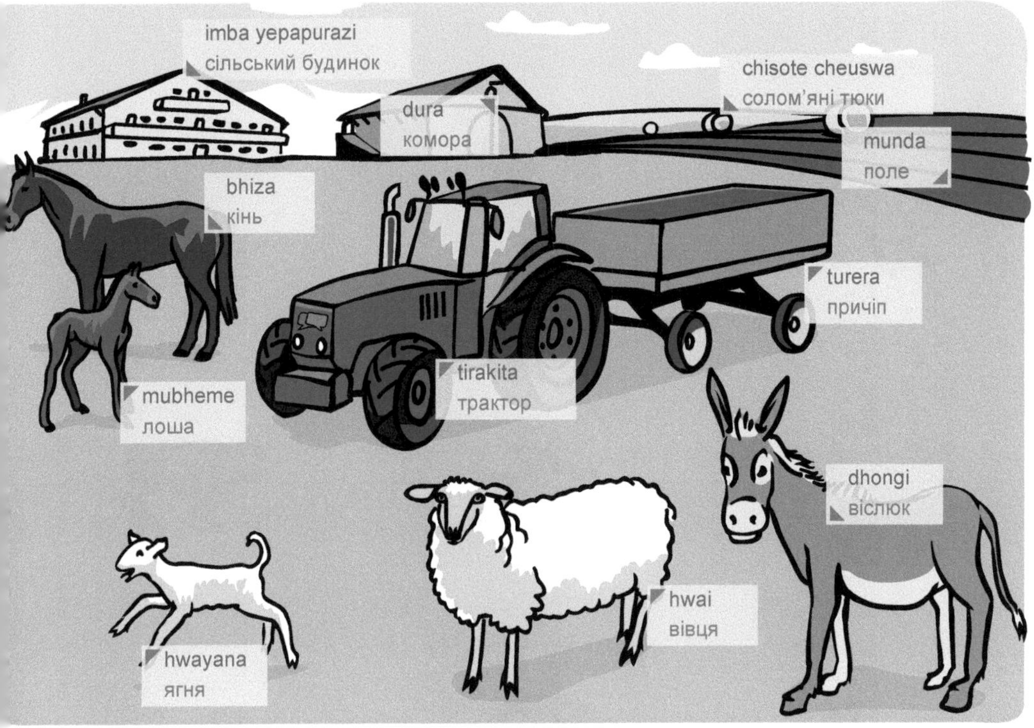

imba yepapurazi
сільський будинок
chisote cheuswa
солом'яні тюки
dura
комора
munda
поле
bhiza
кінь
turera
причіп
tirakita
трактор
mubheme
лоша
dhongi
віслюк
hwai
вівця
hwayana
ягня

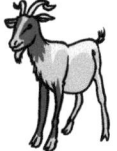

mbudzi

коза

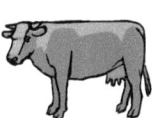

mhou

корова

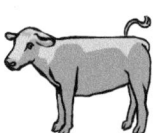

mhuru

теля

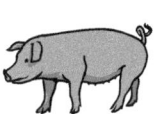

nguruve

свиня

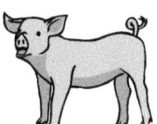

chigwi

порося

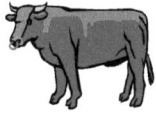

bhuru

бик

dhadha

гусак

dhakisi

качка

nhiyo

курча

tseketsa

курка

jongwe

півень

gonzo

щур

katsi

кіт

mbeva

миша

dhonza

віл

imbwa

собака

imba yembwa

собача будка

pombi yemvura

садовий шланг

keni yekudiridzisa

лійка

jeko

коса

gejo

плуг

jeko

серп

badza

мотика

forogo

вила

demo

сокира

bhara

тачка

chidyiro

корито

bhodhoro remukaka

бідон молока

saga

мішок

fenzi

паркан

danga

хлів

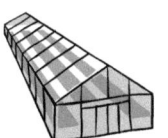

greenhouse

теплиця

ivhu

ґрунт

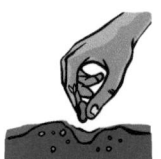

mbeu

насіння

fetereza

добриво

mota yekukohwesa

комбайн

kukohwa

пожинати

gohwo

урожай

mbatatisi

корінь ямсу

gorosi

пшениця

soya

соя

mbatatisi

картопля

chibage

кукурудза

rapeseed

ріпак

muti wemichero

плодове дерево

mufarinya

маніок

mbesa

злаки

purazi - ферма

chimbini
димохід

denga
дах

pombi inorasa mvura
водостічний лоток

hwindo
вікно

garaji
гараж

bhero repamusiwo
дзвінок

musiwo
двері

bhini remarara
відро для сміття

bhokisi retsamba
поштова скринька

gadheni
сад

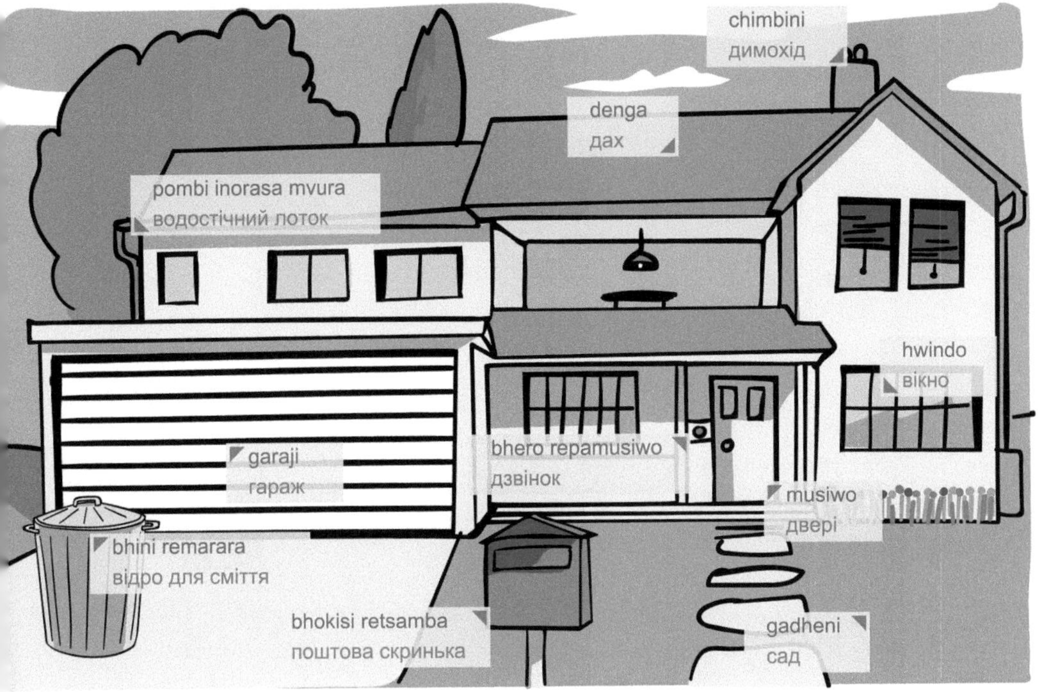

imba yekutandarira

вітальня

mekugezera

ванна кімната

kicheni

кухня

imba yekurara

спальня

imba yemwana

дитяча кімната

imba yekudyira

їдальня

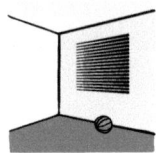

uriri

підлога

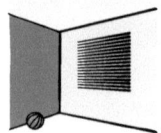

madziro

стіна

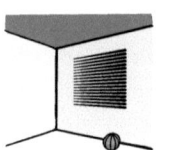

denga

стеля

imba yepasi

підвал

sauna

сауна

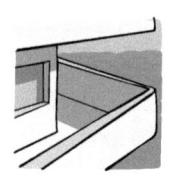

vharanda repadenga

балкон

uriri hwepadenga

тераса

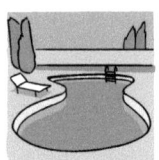

dziva rekushambira

басейн

muchina wekuchekesa uswa

косарка

jira

простирало

chekufukidza mubhedha

ковдра

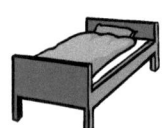

mubhedha

ліжко

bhurumu

мітла

bhaketi

відро

suwichi

перемикач

imba yekutandarira

вітальня

pepa remadziro
шпалери
pikicha
малюнок
rambi
лампа
sherufu
поличка
kabhati
шафа
TV
телевізор
nzvimbo yemoto
камін
ruva
квітка
kusheni
подушка
sofa
диван
vhazi
ваза
rimoti
пульт

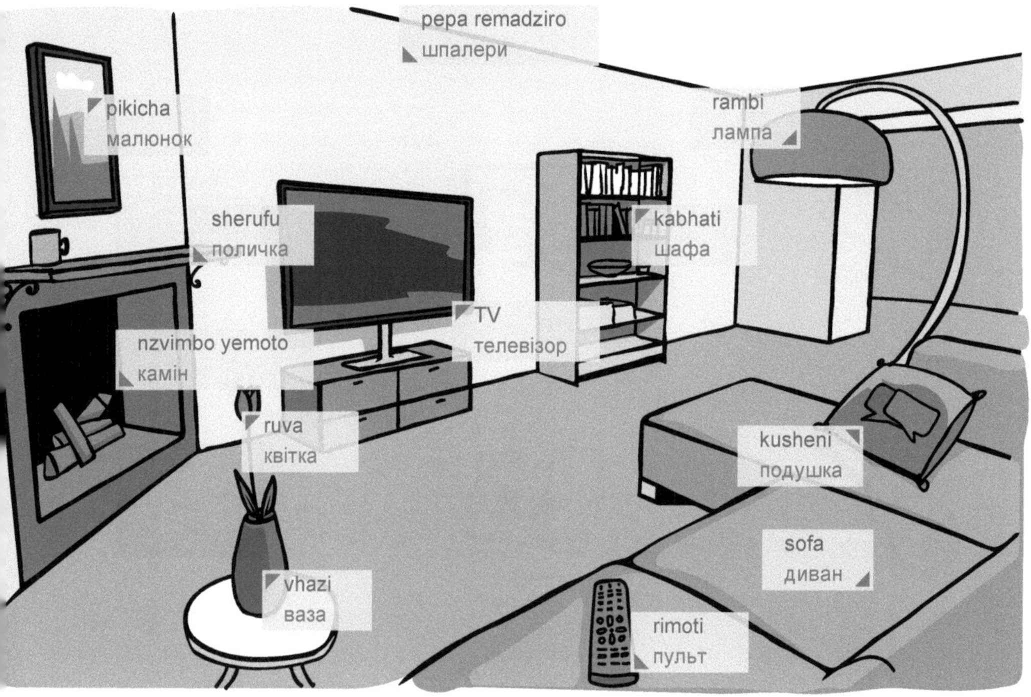

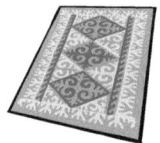

kapeti

килим

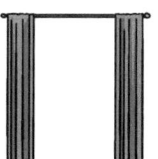

keteni

завіса

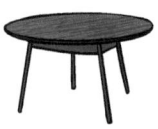

tebhuru

стіл

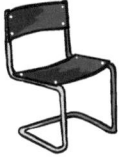

cheya

стілець

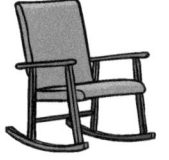

cheya inozeya

крісло-гойдалка

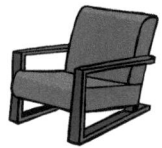

cheya ine pekuisa maoko

крісло

bhuku

книга

gumbeze

ковдра

marongedzero

прикраса

huni

дрова

firimu

фільм

redhiyo yehi-fi

стереосистема

kii

ключ

pepanhau

газета

mufananidzo

картина

posita

плакат

redhiyo

радіо

pekunyorera

блокнот

muchina wekuhuvhisa

пилосос

chinanazi

кактус

kenduru

свічка

kicheni
кухня

firiji
холодильник
maikorowevhi
мікрохвильова піч
chikero chemukicheni
кухонні ваги
chekugochesa chingwa
тостер
sipo
мийний засіб
ovheni
піч
firiji
морозильне відділення
bhini remarara
відро для сміття
sipo yendiro
посудомийна машина

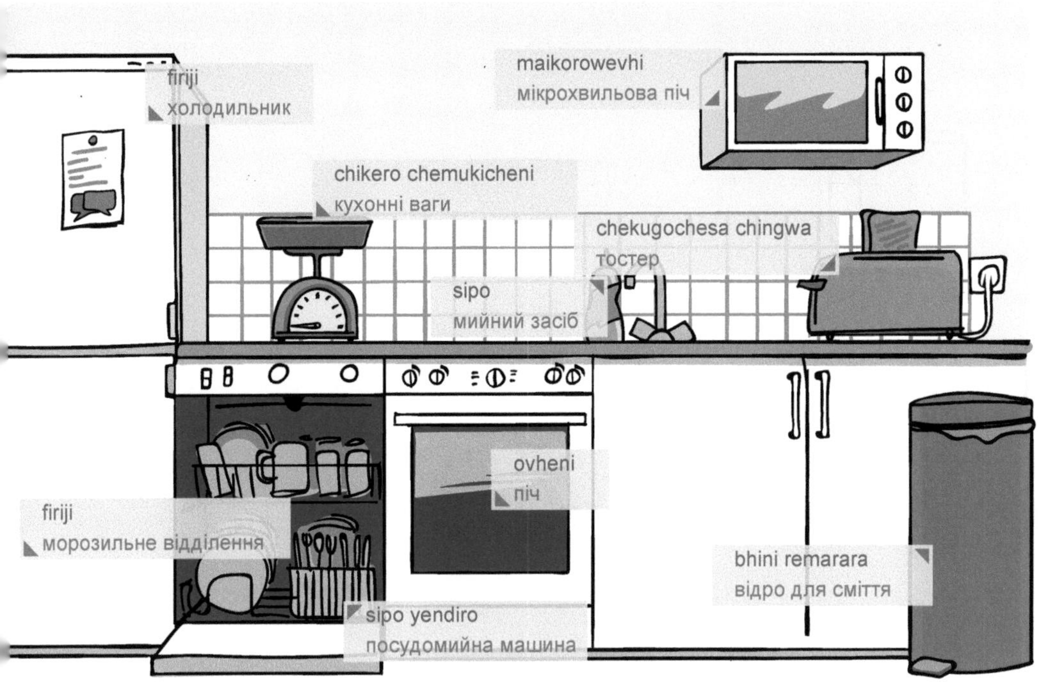

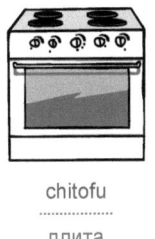

chitofu

плита

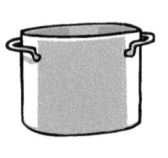

poto

горщик

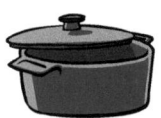

poto yesimbi

чавунний горщик

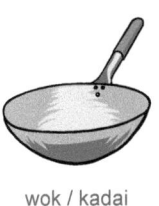

wok / kadai

вок / кадай

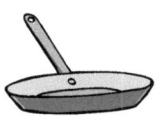

pani

сковорода

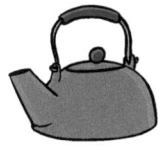

ketero

чайник

chekubikisa neutsi
hwemvura

пароварка

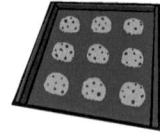

turei yekubhekesa

лист

ndiro

посуд

kapu

кухоль

dishi

чаша

tumiti twekudyisa

палички для їжі

chipunu

черпак

chipunu

лопатка

chekusanganisisa

вінчик для збивання

chekukunisa

сито

chekukunisa

сито

chekugiretesa

терка

duri

ступка

chiwaya

барбекю

moto

багаття

chekuchekera

дошка

chekutsimbiririsa
mukanyiwa

качалка

chekuvhurisa mabhodhoro
ewaini

штопор

tini

конзерва

chekuvhurisa tini

відкривачка

girovhosi rekubatisa
zvinopisa

прихватки

singi

раковина

bhurasho

щітка

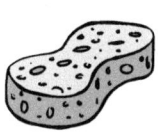

chipanji

губка

chinosanganisa

міксер

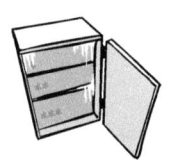

firiji

морозильна камера

bhodhoro remwana

дитяча пляшка

pombi

кран

mekugezera

ванна кімната

chinodziisa mumba
опалення
shawa
душ
tauro
рушник
keteni remushawa
душова завіса
mvura yekugeza ine furo
пiниста ванна
mekugezera
ванна
girazi
склянка
muchina wekuwachisa
пральна машина
pombi
кран
mataira
плитка
chipoti chemwana
горщок
singi
раковина

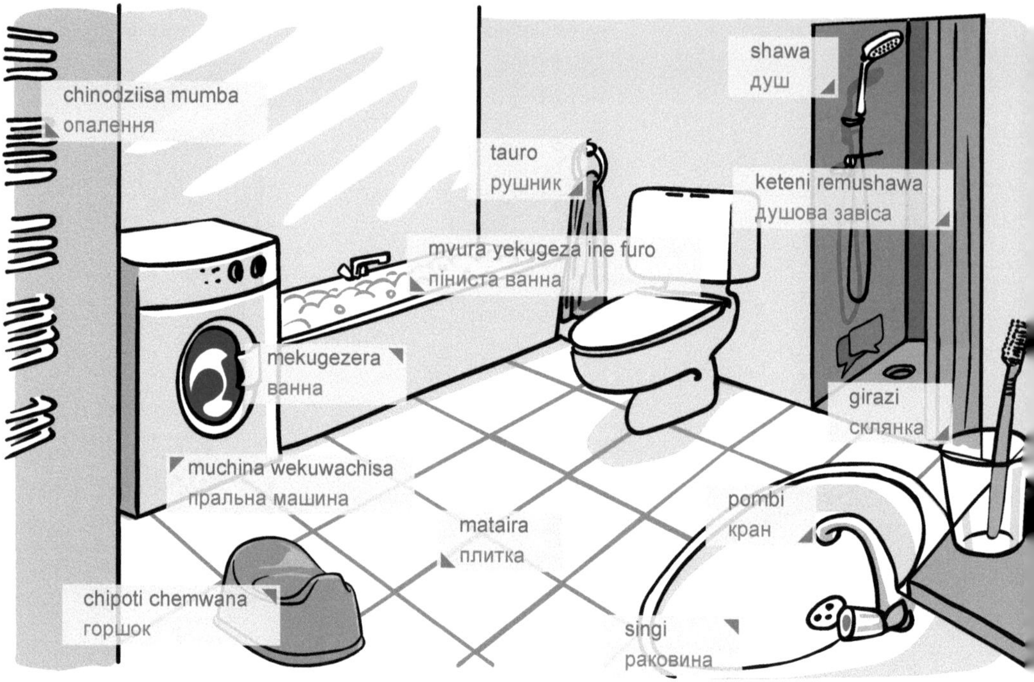

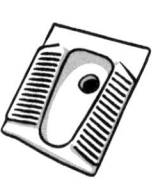

toireti

туалет

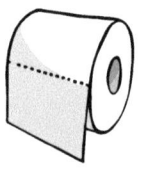

toireti yegomba

підлоговий туалет

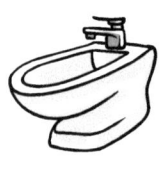

chemba

біде

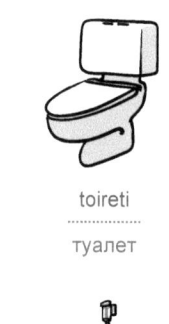

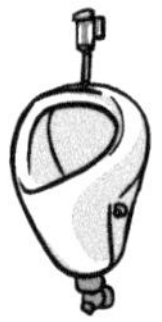

chekuitira weti chevarume

пісуар

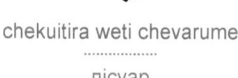

pepa remutoireti

туалетний папір

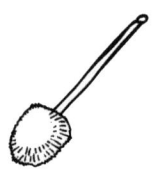

bhurasho remutoireti

щітка для туалету

bhurasho remazino

зубна щітка

mushonga wemazino

зубна паста

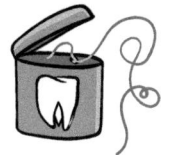

tambo yekugezesa mazino

нитка для чищення зубів

kugeza

мити

shawa yekuita zvekubata

ручний душ

douche

інтимний душ

bheseni

таз

bhurasho remusoro

щітка для спини

sipo

мило

sipo yekugezesa mushawa

гель для душу

shambuu

шампунь

chekugezesa

мочалка

dhireni

водостік

mafuta

крем

chinonhuwirira

дезодорант

girazi

дзеркало

girazi remumaoko

косметичне дзеркало

chekugeresa ndebvu

бритва

furo rekugeresa ndebvu

піна для гоління

mafuta ekuzora wagera ndebvu

лосьйон після гоління

kamu

гребінь

bhurasho

щітка

chekuomesa bvudzi

фен

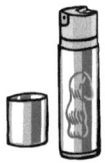

mushonga wekupfapfaidza musoro

лак для волосся

zvekupodesa

косметика

chekupendesa muromo

губна помада

chekupendesa nzara

лак для нігтів

donje

вата

chigero chenzara

ножиці для нігтів

pefiyumu

парфум

bhegi rezvekugezesa

косметичка

chituro

табурет

chikero

ваги

bathrobe

халат

magirovhosi erabha

гумові рукавички

tampon

тампон

pedhi

гігієнічні прокладки

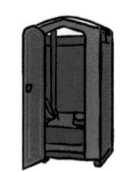

toireti inotakurwa

біотуалет

imba yemwana
дитяча кімната

wachi
будильник
chitoyi chekurara nacho
м'яка іграшка
mota yekutambisa
іграшковий автомобіль
hosho
брязкальце
kamba kezvidhori
ляльковий будиночок
chipo
подарунок

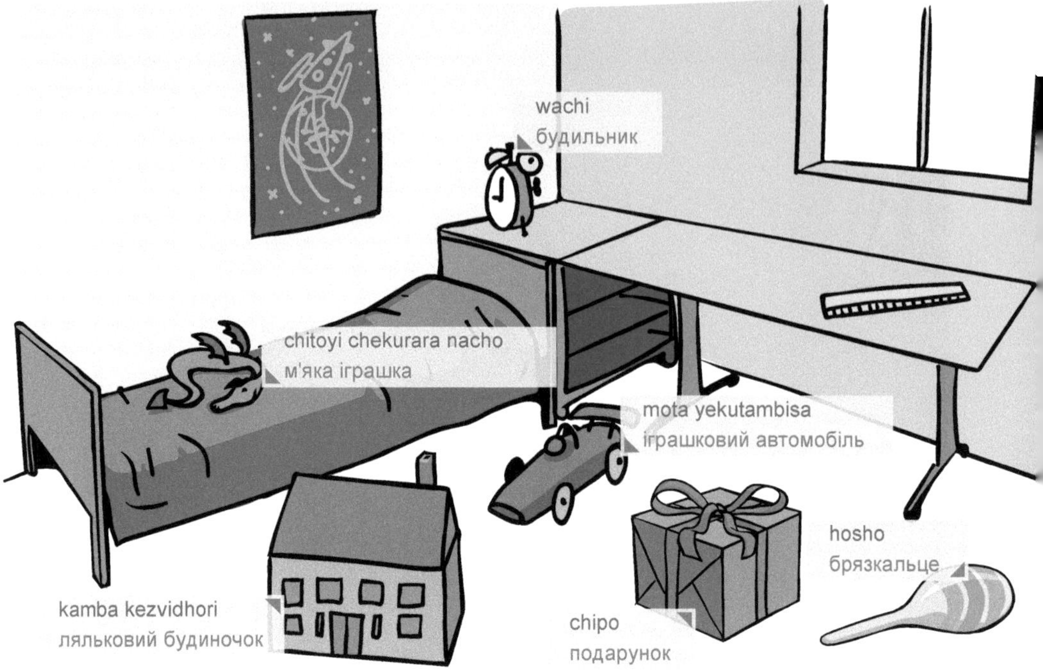

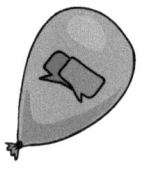

chibharuma

повітряна кулька

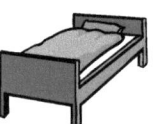

mubhedha

ліжко

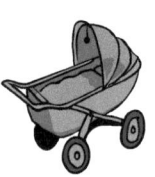

purema

дитячий візок

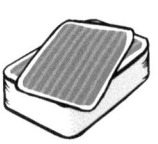

makadhi ekutamba

картярська гра

puzzle

пазл

SUPER MEGA

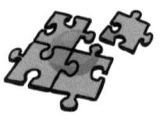

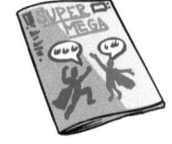

makatuni ekuverenga

комікс

zvekuvakisa zvinhu

лего цеглинки

mabhuroko ekuvakisa

блоки

chidhori

іграшкова фігурка

babygrow

повзунки

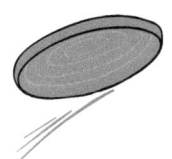

chekutambisa uchikanda

фризбі

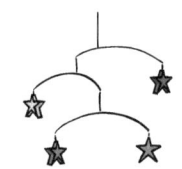

zvekuvaraidza mwana

мобіле

gemu rinotambirwa
pabhodhi

настільна гра

dhaisi

кубик

zvitima zvekutambisa

модель залізнична станція

chidhami

соска

mabiko

вечірка

bhuku remapikicha

книжка з картинками

bhora

м'яч

chidhori

лялька

kutamba

грати

majecha ekutambira

пісочниця

muzeerere

гойдалка

zvekutambisa

іграшка

chekutambisa magemu emavhidhiyo

гральна консоль

kabhasikoro kemavhiri matatu

триколісний велосипед

teddy bear

плюшевий мішка

wadhiropu

шафа

zvipfeko

одяг

masokisi

шкарпетки

masokisi

панчохи

matirauzi anobata muviri

колготки

sikavha
шарф

bhandi
ремінь

amburera
парасоля

t-sheti
футболка

majombo
чоботи

bhutsu
домашнє взуття

bhutsu
кросівки

masanduru
сандалі

bhutsu
взуття

magambutsu
гумові чоботи

nduwe
труси

bhodhi
бюстгальтер

vhesi
нижня сорочка

muviri
боді

tirauzi
штани

jini
джинси

siketi
спідниця

bhurauzi
блузка

hembe
сорочка

bhachi
пуловер

chibhachi
светр

bhachi
піджак

bhachi
куртка

jasi
пальто

renikoti
дощовик

koshitomu
костюм

dhirezi
сукня

dhirezi remuchato
весільна сукня

sutu

костюм

hembe yekurarisa

нічна сорочка

mapijama

піжама

chari

capi

headscarf

головна хустка

heti

чалма

burqa

бурка

kaftan

кафтан

abaya

абая

hembe yekutuhwinisa

купальник

chikabudura

плавки

chikabudura

шорти

tirekisutu

тренувальний костюм

apuroni

фартух

magirovhosi

рукавички

bhatani

гудзик

magirazi

окуляри

bhenguru

браслет

chuma

ланцюг

rin'i

кільце

mhete

сережка

kepisi

шапка

hen'a

плічка

heti

капелюх

tai

краватка

zipi

застібка-блискавка

herumeti

шолом

mabhandi

підтяжки

yunifomu yekuchikoro

шкільна форма

yunifomu

уніформа

chibhibhi

нагрудник

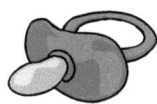

chidhami

соска

napukeni

підгузок

hofisi

офіс

server
сервер

kabhineti
шаф для документів

muchina wekuprindisa
принтер

pepa
папір

sikirini
монітор

mouse
миша

tafura
письмовий стіл

fayera
папка

keyboard
синтезатор

cheya
стілець

bhini remapera
кошик для паперу

kombiyuta
комп'ютер

kapu yekofi

кавовий кухоль

kakureta

калькулятор

indaneti

інтернет

laptop

ноутбук

tsamba

лист

tsamba

повідомлення

serura

мобільний телефон

network

мережа

muchina wekufotokopesa

копіювальний пристрій

software

програмне забезпечення

foni

телефон

pekupfekera magetsi

розетка

muchina wefax

факс

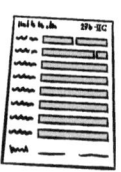

fomu

бланк

gwaro

документ

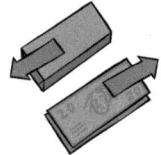

kutenga

купувати

kubhadhara

платити

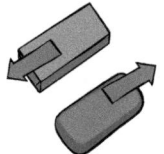

kutengesa

торгувати

mari

гроші

Dhora

долар

Euro

євро

Yen

ієна

rouble

рубль

Swiss franc

франк

renminbi yuan

юанів женьміньбі

rupee

рупія

panobhadharwa

банкомат

panochinjwa mari

обмінний пункт

goridhe

золото

sirivha

срібло

mafuta

нафта

magetsi

енергія

mutengo

ціна

chibvumirano

контракт

mutero

податок

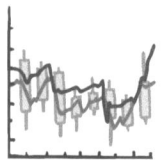

masitoku

акція

kushanda

працювати

mushandi

працівник

mushandirwi

роботодавець

fekitari

фабрика

chitoro

магазин

mabasa
професії

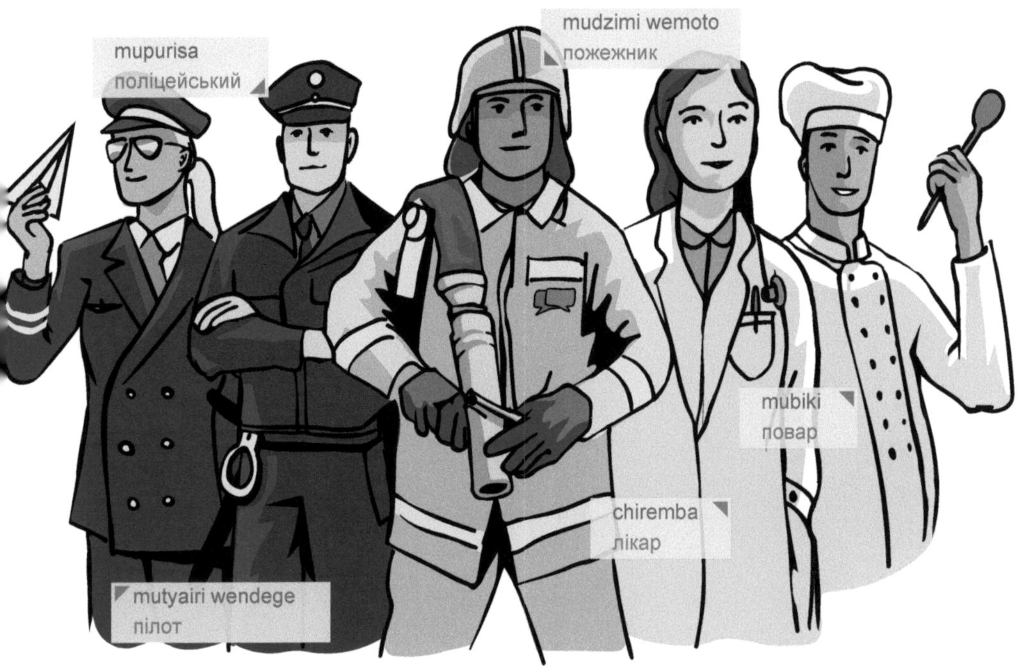

mupurisa
поліцейський
mudzimi wemoto
пожежник
mubiki
повар
chiremba
лікар
mutyairi wendege
пілот

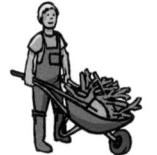

mushandi wemugadheni

садівник

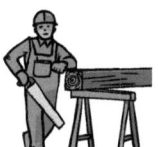

muvezi

столяр

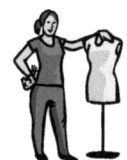

mukadzi anosona

швачка

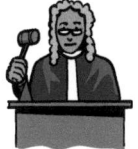

mutongi

суддя

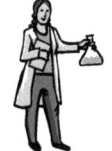

anoita zvemishonga

хімік

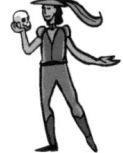

ekita

актор

mutyairi webhazi

водій автобуса

muredzi

рибалка

mutyairi wetaxi

таксист

mudzimai anochenesa

прибиральниця

anogadzira denga

покрівельник

hweta

офіціант

muvhimi

мисливець

anopenda

художник

mubiki wechingwa

пекар

mugadziri wemagetsi

електрик

muvaki

будівельник

injiniya

інженер

mushandi wemubhucha

забійник

puramba

бляхар

positimeni

листоноша

musoja

солдат

anoita mapurani edzimba

архітектор

mutengesi

касир

mugadziri wemaruva

флорист

mugadziri wemusoro

перукар

kondakita

кондуктор

makanika

механік

kaputeni

капітан

chiremba wemazino

дантист

musayindisti

вчений

rabbi

рабин

imam

імам

mumonk

монах

mufundisi

пастор

maturusi

інструменти

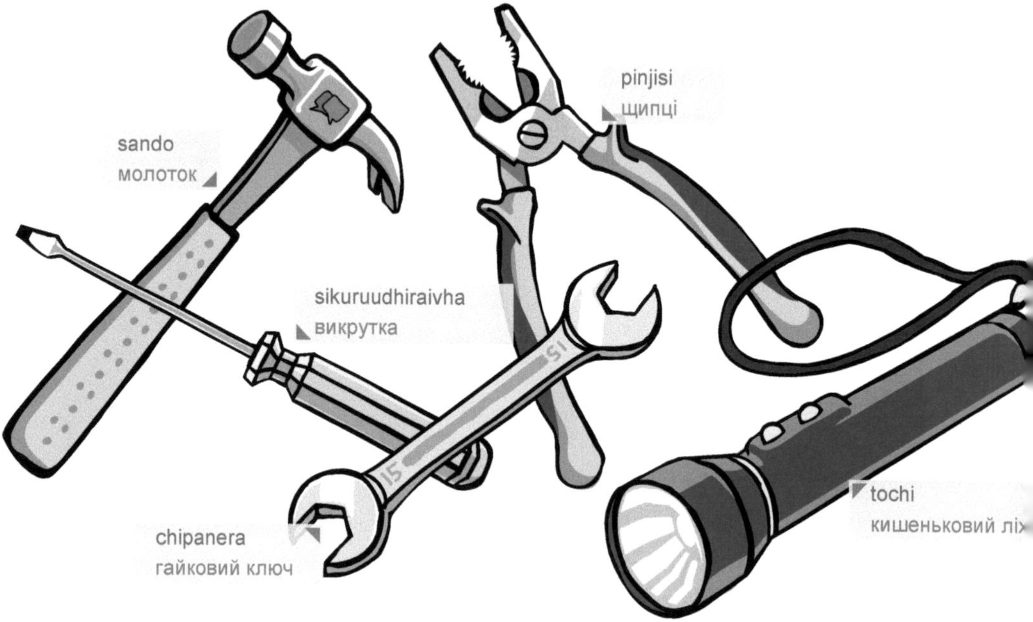
pinjisi
щипці
sando
молоток
sikuruudhiraivha
викрутка
tochi
кишеньковий лі
chipanera
гайковий ключ

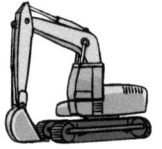

chikatapira

екскаватор

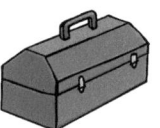

bhokisi rematurusi

ящик для інструментів

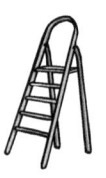

manera

драбина

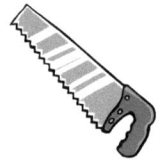

saha

пилка

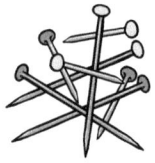

zvipikiri

цвяхи

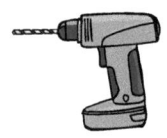

chibooreso

свердло

kugadzira

ремонтувати

foshoro

лопата

Nxa!

лайно!

chidyoreso

совок

gaba rependi

відро з фарбою

masikuruu

гвинти

zviridzwa
музичні інструменти

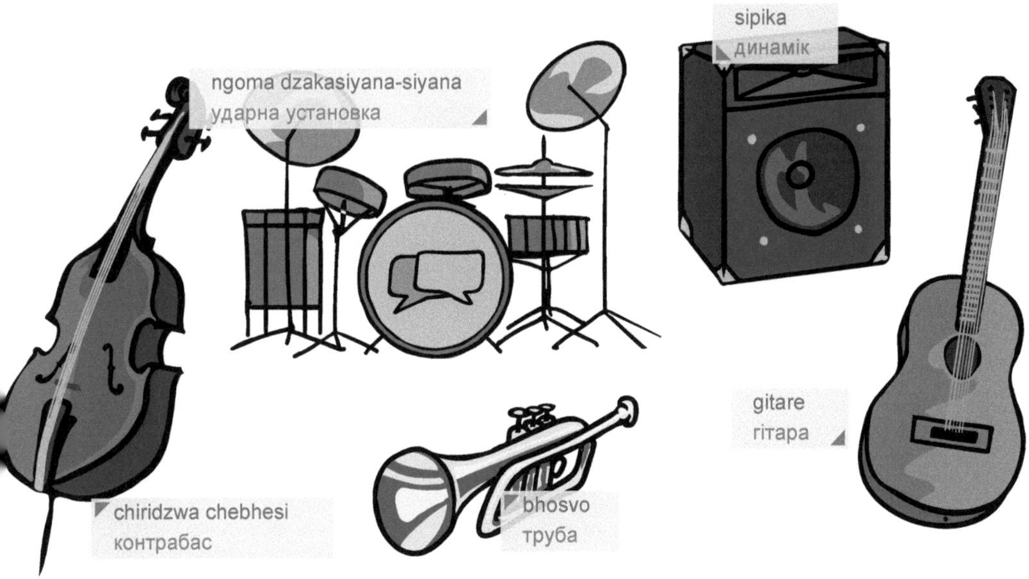

ngoma dzakasiyana-siyana
ударна установка

sipika
динамік

chiridzwa chebhesi
контрабас

bhosvo
труба

gitare
гітара

piyano

фортепіано

violin

скрипка

gitare rebhesi

бас

ngoma

литаври

ngoma

барабан

piyano yemagetsi

клавіатура

saxophone

саксофон

nyere

флейта

maikorofoni

мікрофон

munochengeterwa mhuka

зоопарк

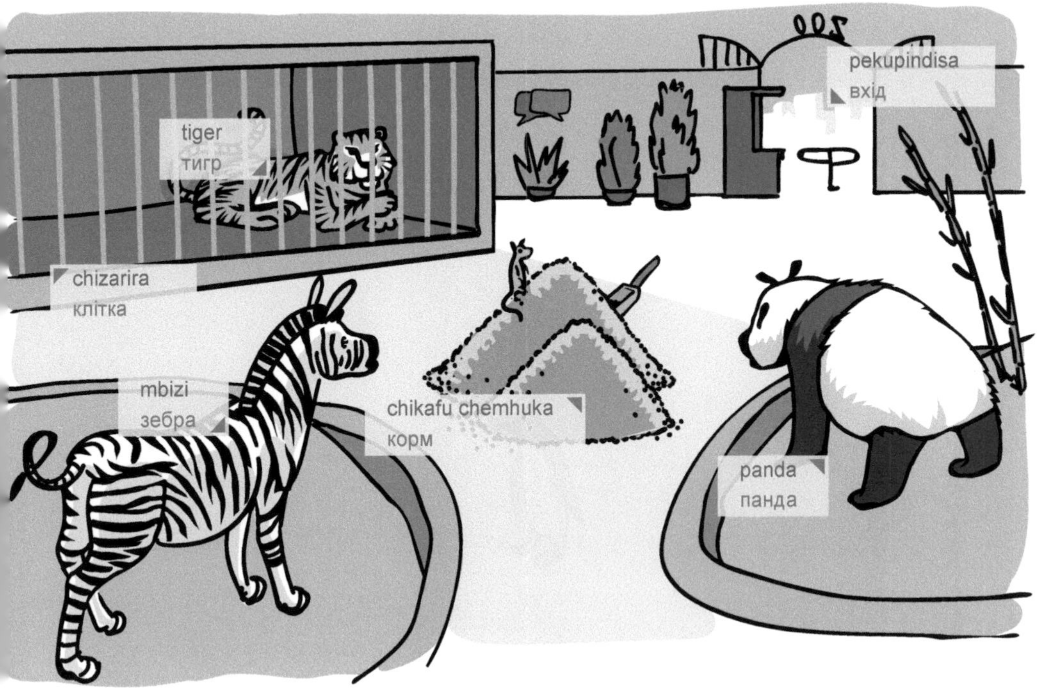
tiger
тигр
pekupindisa
вхід
chizarira
клітка
mbizi
зебра
chikafu chemhuka
корм
panda
панда

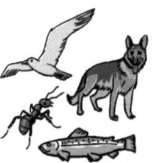

mhuka
тварини

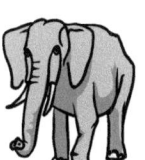

nzou
слон

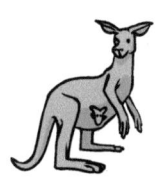

kangaruru
кенгуру

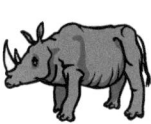

chipembere
носоріг

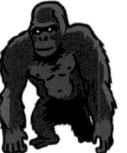

gorilla
горила

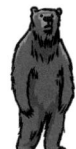

bear
ведмідь

ngamera

верблюд

mhou

страус

shumba

лев

tsoko

мавпа

flamingo

фламінго

parrot

папуга

bear rekuchando

білий ведмідь

penguin

пінгвін

shark

акула

pikoko

павич

nyoka

змія

garwe

крокодил

muchengeti wenzvimbo
yemhuka

працівник зоопарку

seal

тюлень

jaguar

ягуар

nyurusi

поні

ingwe

леопард

mvuu

гіпопотам

twiza

жираф

gondo

орел

nguruve yemusango

кабан

hove

риба

kamba

черепаха

walrus

морж

gava

лисиця

nhoro

газель

bhora rekuAmerica
американський футбол

kuchovha
їзда на велосипеді

tenisi
теніс

bhora rebhasiketi
баскетбол

kutuhwina
плавання

tsiva
бокс

hockey yemuchando
хокей

nhabvu
футбол

badminton
бадмінтон

zvekumhanya
легка атлетика

bhora remaoko
гандбол

kuita ski
лижні перегони

polo
поло

mabasa

дії

kusvetuka
стрибати
kumbundira
обіймати
kuseka
сміятися
kufamba
йти
kuimba
співати
kurota
мріяти
kunyengetera
молитися
kutsvoda
цілувати

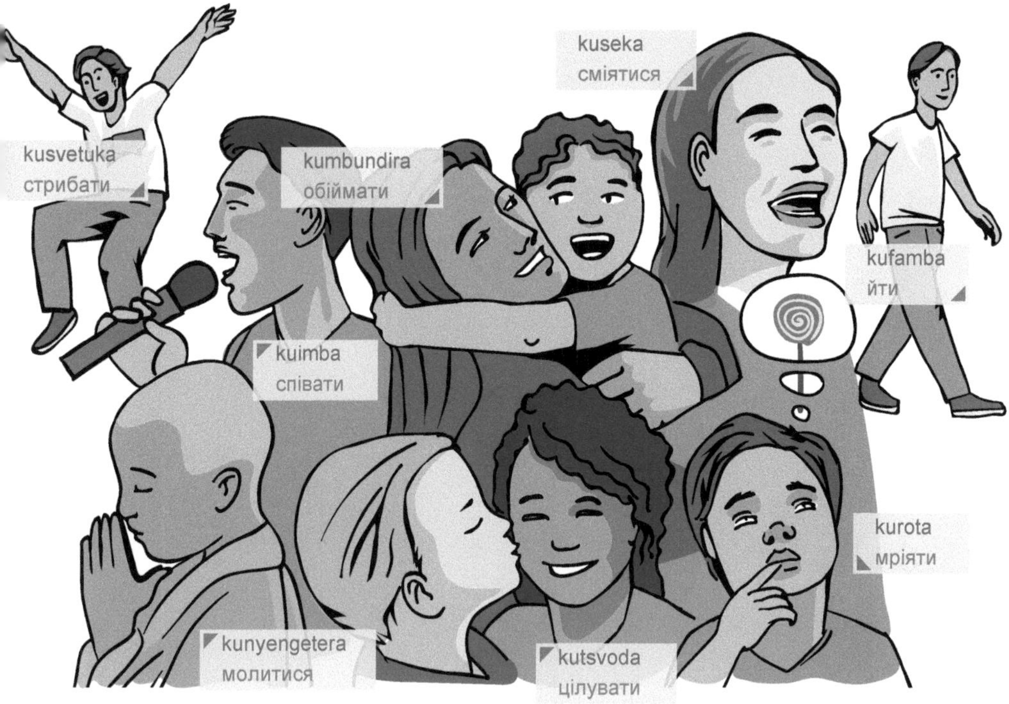

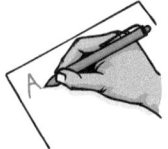

nyora
писати

kudhirowa
малювати

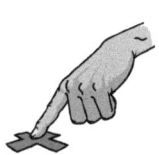

kuratidza
показувати

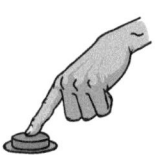

kusunda
тиснути

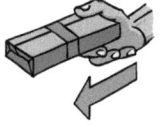

kupa
давати

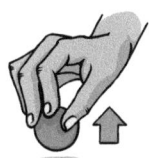

kutora
брати

kuva ne

мати

kuita

робити

kuva

бути

kumira

стояти

kumhanya

бігати

kudhonza

тягнути

kukanda

кидати

kudonha

падати

kurara

лежати

kumirira

очікувати

kutakura

носити

kugara

сидіти

kupfeka

одягати

kurara

спати

kumuka

просипатися

kutarisa

дивитися

kuchema

плакати

kupuruzira

гладити

kukama

розчісувати

kutaura

розмовляти

kunzwisisa

розуміти

kubvunza

питати

kuteerera

слухати

kunwa

пити

kudya

їсти

kuchenesa

прибирати

kuda

любити

kubika

варити

kutyaira

їхати

kubhururuka

літати

kufambiswa nemhepo

йти під вітрилом

kakureta

рахувати

kuverenga

читати

kudzidza

вчитися

kushanda

працювати

kuroora / kuroorwa

одружуватися

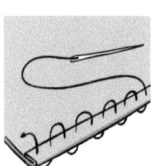

kusona

шити

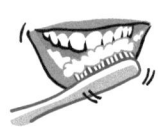

kukwesha mazino

чистити зуби

kuuraya

убивати

kuputa

курити

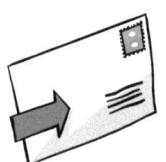

kutumira

посилати

mhuri
сім'я

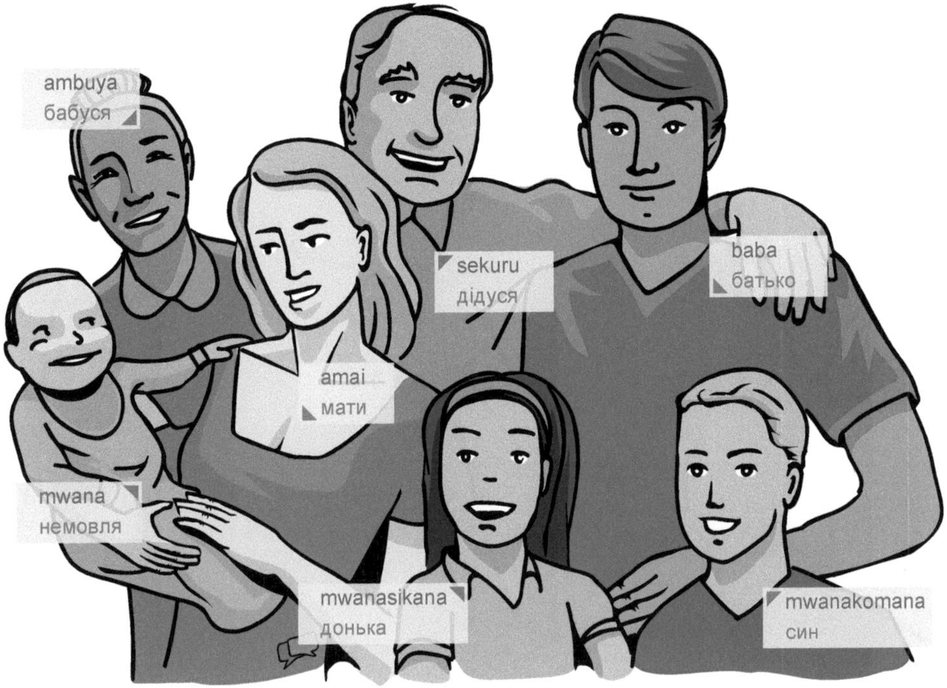
ambuya
бабуся
sekuru
дідуся
baba
батько
amai
мати
mwana
немовля
mwanasikana
донька
mwanakomana
син

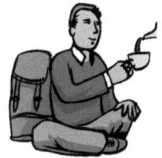

muenzi

гість

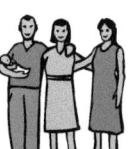

tete

тітка

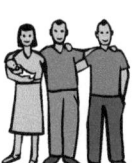

sekuru

дядько

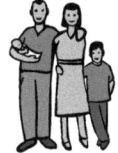

hanzvadzikomana

брат

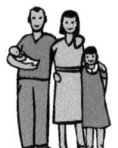

hanzvadzisikana

сестра

muviri
тіло

huma
чоло
ziso
око
bendekete
плече
munwe
палець
chiso
обличчя
chirebvu
підборіддя
ruoko
кисть
gumbo
нога
chipfuva
груди
ruoko
рука

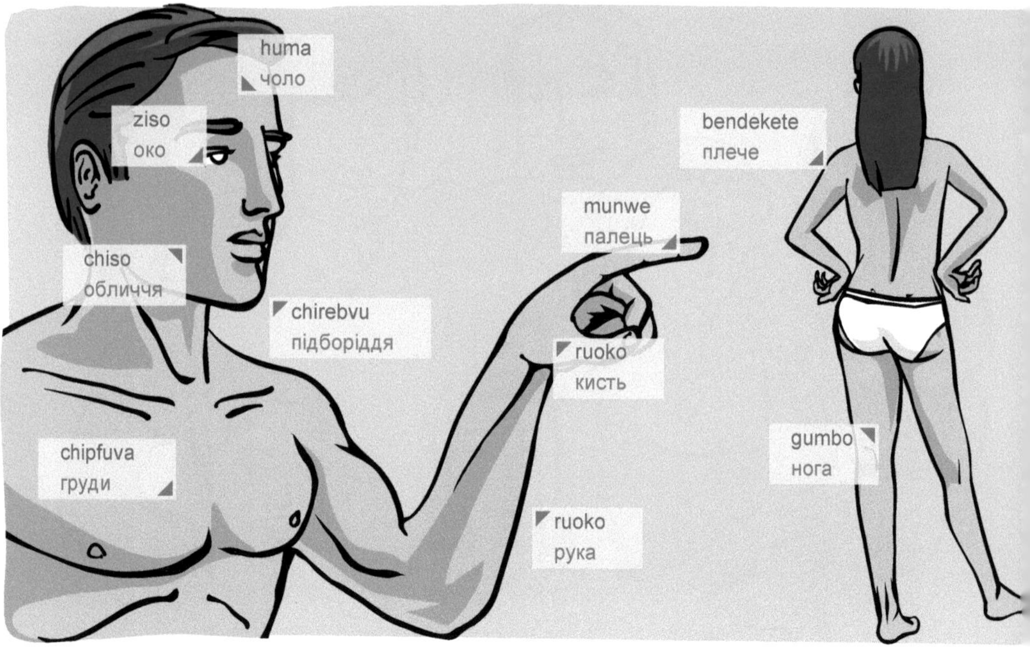

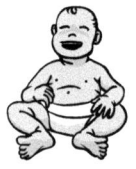

mwana

немовля

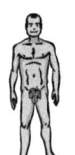

murume

чоловік

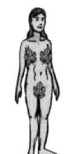

mukadzi

жінка

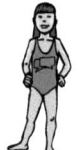

musikana

дівчина

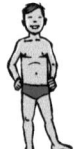

mukomana

хлопчик

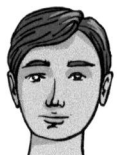

musoro

голова

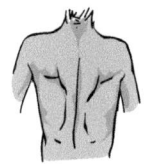

musana

спина

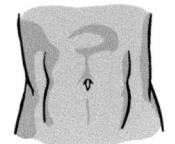

dumbu

живіт

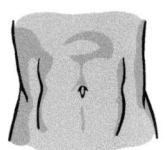

guvhu

пуп

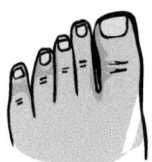

chigunwe

палець ноги

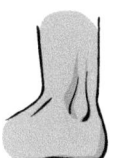

chitsitsinho

п'ята

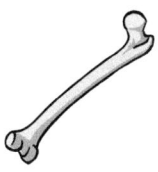

bhonzo

кістка

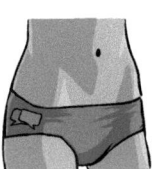

hudyu

стегно

ibvi

коліно

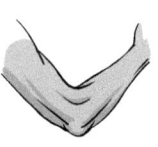

gokora

лікоть

mhino

ніс

garo

сідниці

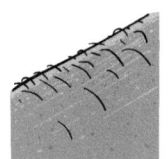

ganda

шкіра

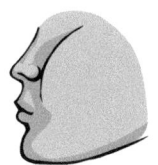

dama

щока

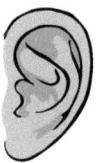

nzeve

вухо

muromo

губа

mukanwa

рот

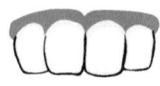

zino

зуб

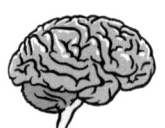

rurimi

язик

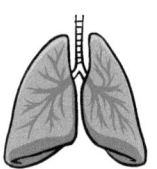

uropi

мозок

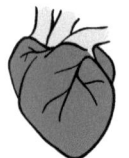

mwoyo

серце

tsandanyama

м'яз

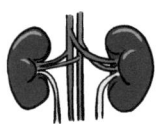

bapu

легені

chitaka

печінка

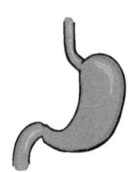

dumbu

шлунок

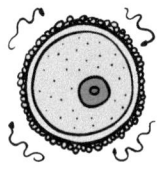

itsvo

нирки

kuita bonde

статевий акт

kondomu

презерватив

zai

яйцеклітина

urume

сперма

nhumbu

вагітність

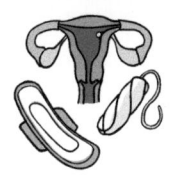

kuenda kumwedzi

менструація

sikarudzi

вагіна

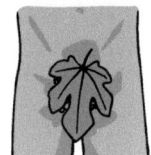

mboro

пеніс

tsiye

брова

bvudzi

волосся

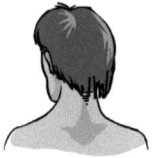

mutsipa

шия

muviri - тіло

chipatara

лікарня

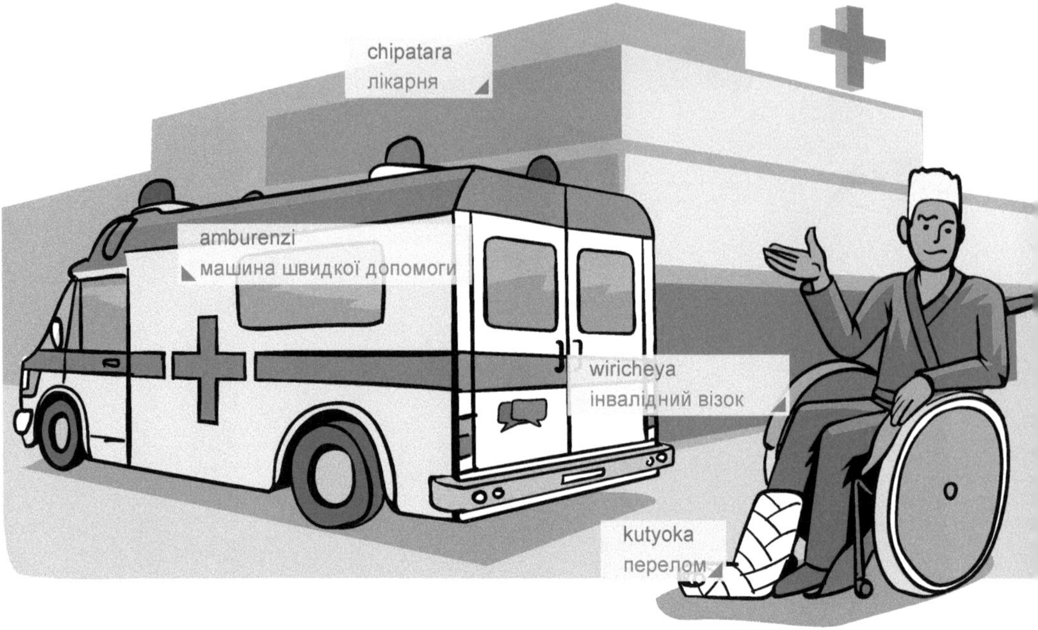

chipatara
лікарня
amburenzi
машина швидкої допомоги
wiricheya
інвалідний візок
kutyoka
перелом

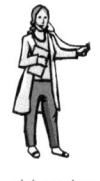

chiremba
лікар

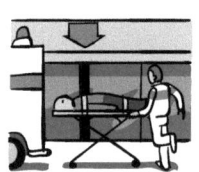

imba yerubatsiro
відділення швидкої медичної допомоги

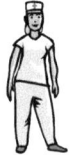

nesi
медсестра

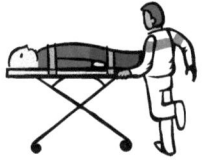

zvekukurumidza
аварійний випадок

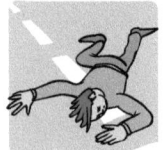

kufenda
непритомний

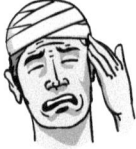

rwadza
біль

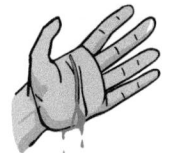

kukuvara

травма

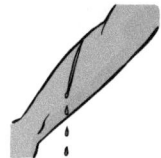

kubuda ropa

кровотеча

kuerekana mwoyo usisashandi

інфаркт

kuoma rutivi

інсульт

zvinorwarisa

алергія

chikosoro

кашель

fivha

лихоманка

furuu

грип

manyoka

пронос

kutemwa nemusoro

головна біль

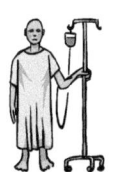

mhuka

рак

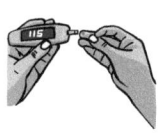

chirwere cheshuga

діабет

muvhiyi

хірург

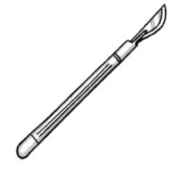

kabanga keoparesheni

скальпель

oparesheni

операція

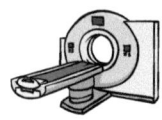

CT
КТ

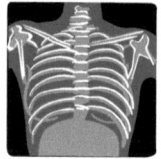

x-ray
рентген

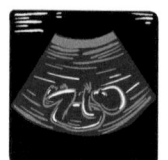

ultrasound
ультразвук

chekuvharisa mhino nemuromo
маска

chirwere
хвороба

mekumirira kurapiwa
зал очікування

chidhondoro
милиця

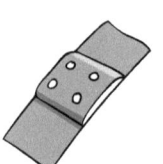

purasita
пластир

bhandiji
пов'язка

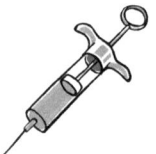

jekiseni
ін'єкція

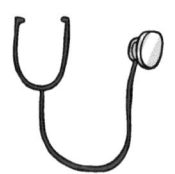

chekuteerera nacho mukati
стетоскоп

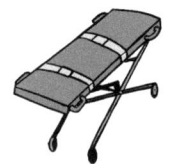

kamubhedha kemurwere
ноші

chekutoresa nacho tembiricha
термометр

kuzvara
народження

kufuta
надмірна вага

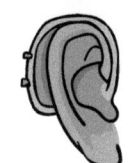

chekubatsira kunzwa

слуховий апарат

mushonga unouraya
utachiona

дезінфікуючий засіб

utachiona

інфекція

vhairasi

вірус

HIV / AIDS

ВІЛ / СНІД

mushonga

медицина

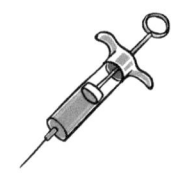

kudzivirira zvirwere

вакцинація

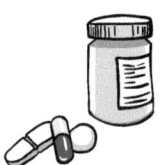

mapiritsi

таблетки

piritsi

протизаплідна пігулка

kufonera rubatsiro ipapo
ipapo

екстрений виклик

muchina wekuyeresa BP

тонометр

kurwara / kugwinya

хворий / здоровий

Maiwe!

Допоможіть!

bhero

сигнал тривоги

kurwisa

напад

kurwisa

атака

ngozi

небезпека

pekupuda napo zvechimbi-chimbi

аварійний вихід

Moto!

Вогонь!

chekudzimisa moto

вогнегасник

tsaona

аварія

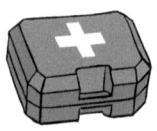

zvinhu zvefirst aid

аптечка

SOS

СОС

mapurisa

поліція

Europe

Європа

Kuchamhembe kweAmerica

Північна Америка

Kumaodzanyemba kweAmerica

Південна Америка

Africa

Африка

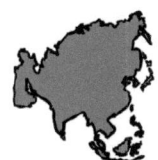

Asia

Азія

Australia

Австралія

Atlantic

Атлантика

Pacific

Тихий океан

Nyanza yeIndia

Індійський океан

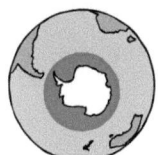

Nyanza yeAntarctic

Антарктичний океан

Nyanza yeArctic

Північний Льодовитий океан

Kuchamhembe

Північний полюс

Kumaodzanyemba

Південний полюс

Antarctica

Антарктика

Nyika

Земля

nyika

суша

gungwa

море

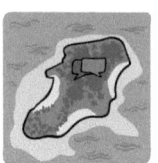

chitsuwa

острів

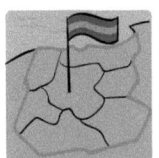

nyika

нація

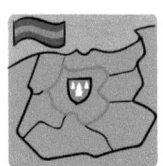

nyika

держава

wachi

циферблат

chinongedza awa

годинникова стрілка

chinongedza miniti

хвилинна стрілка

chinongedza masekondi

секундна стрілка

Inguvai?

Котра година?

zuva

день

nguva

час

izvozvi

зараз

wachi yemanhamba

цифровий годинник

miniti

хвилина

awa

година

тиждень

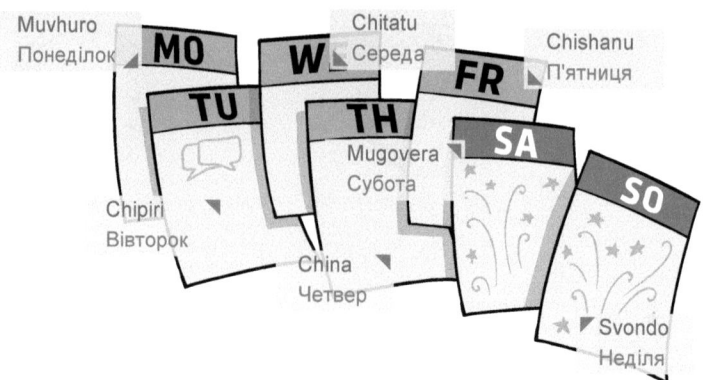

Muvhuro / Понеділок — MO
Chitatu / Середа — W
Chishanu / П'ятниця — FR
TU
TH
Mugovera / Субота — SA
Chipiri / Вівторок
China / Четвер
Svondo / Неділя — SO

nezuro

вчора

nhasi

сьогодні

mangwana

завтра

mangwanani

ранок

masikati

опівдні

manheru

вечір

MO	TU	WE	TH	FR	SA	SU
1	2	3	4	5	6	7
8	9	10	11	12	13	14
15	16	17	18	19	20	21
22	23	24	25	26	27	28
29	30	31	1	2	3	4

mazuva ebasa

робочі дні

MO	TU	WE	TH	FR	SA	SU
1	2	3	4	5	6	7
8	9	10	11	12	13	14
15	16	17	18	19	20	21
22	23	24	25	26	27	28
29	30	31	1	2	3	4

kupera kwevhiki

кінець робочого тижня

gore
рік

mvura
дощ
muraraungu
веселка
chando
сніг
mhepo
вітер
chirimo
весна
matsutso
осінь
zhizha
літо
chando
зима

4.APRIL 11°
5.APRIL 4°
6.APRIL 13°
7.APRIL 8°
8.APRIL 10°

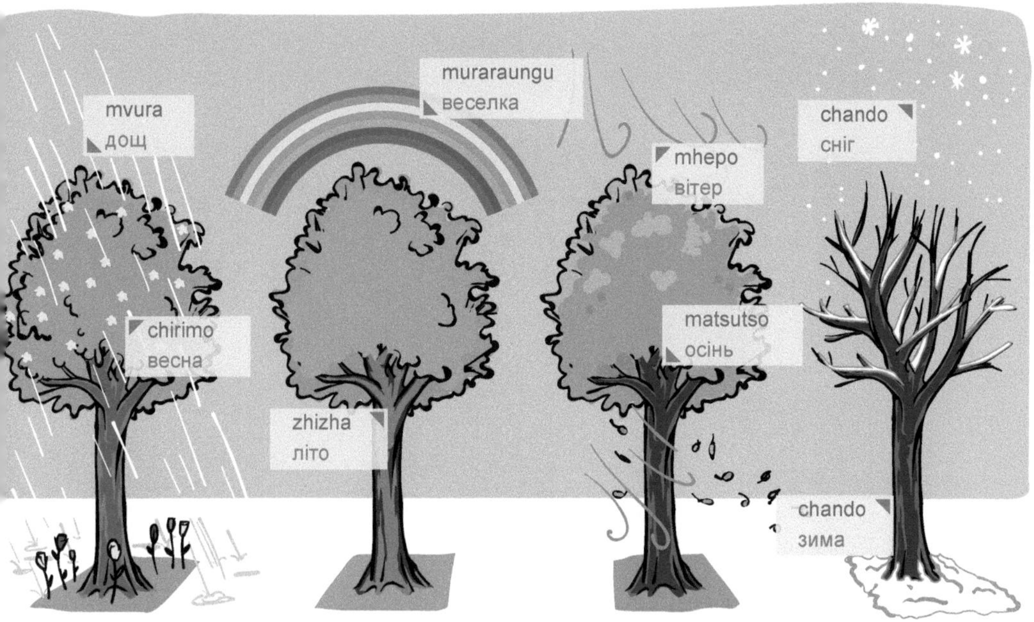

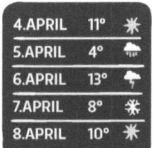

mamiriro ekunze anofungidzirwa

прогноз погоди

F C
120 40
90 30
60 20
30 10
0 0
-30 -10
-20

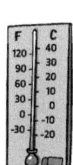

chekutoresa tembiricha

термометр

zuva

сонячне світло

makore

хмара

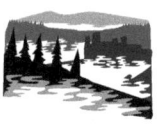

mhute

туман

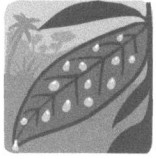

hunyoro

вологість повітря

mheni

блискавка

kutinhira

грім

dutu

шторм

chivhuramabwe

град

mhepo ine mvura

мусон

mafashamo

повінь

mazaya echando

лід

Ndira

Січень

Kukadzi

Лютий

Kurume

Березень

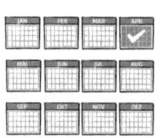

Kubvumbi

Квітень

Chivabvu

Травень

Chikumi

Червень

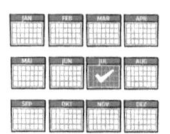

Chikunguru

Липень

Nyamavhuvhu

Серпень

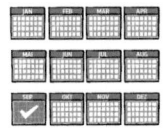

Gunyana

Вересень

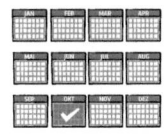

Gumiguru

Жовтень

Mbudzi

Листопад

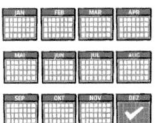

Zvita

Грудень

mashepu
форми

denderedzwa

круг

sikweya

квадрат

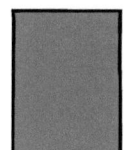

rectangle

прямокутник

triangle

трикутник

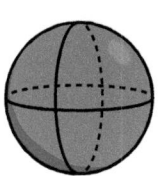

bhora

куля

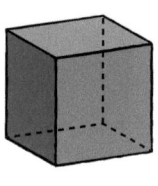

bhokisi

куб

chena

білий

yero

жовтий

orenji

помаранчевий

pingi

рожевий

tsvuku

червоний

pepuru

фіолетовий

bhuruu

синій

girini

зелений

kaki

коричневий

gireyi

сірий

nhema

чорний

zvakawanda / zvishoma

багато / мало

hasha / dzikama

лютий / мирний

naka / shata

гарний / бридкий

kutanga / kuguma

початок / кінець

hombe / diki

великий / малий

jeka / rima

світлий / темний

hanzvadzikomana / hanzvadzisikana

брат / сестра

chena / sviba

чистий / брудний

kwana / kusakwana

завершений / незавершений

masikati / usiku

день / ніч

yakafa / mhenyu

мертвий / живий

pamhamha / tetepa

широкий / вузький

unodyiwa / haudyiwi

їстівний / неїстівний

utsinye / mutsa

злий / дружній

kunakidzwa / kufinhwa

збуджений / нудьгуючий

kobvuka / tetepa

товстий / тонкий

kutanga / kupedzisira

спочатку / востаннє

shamwari / muvengi

друг / ворог

rakazara / hairina kuzara

повний / порожній

oma / pfava

жорсткий / м'який

rema / reruka

важкий / легкий

nzara / nyota

голод / спрага

kurwara / kugwinya

хворий / здоровий

zvisiri pamutemo / zviri pamutemo

незаконний / законний

kungwara / kupusa

розумний / дурний

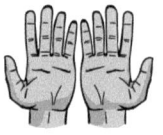

ruboshwe / rudyi

вліво / вправо

pedyo / kure

поруч / далеко

matsva / matsaru

новий / використаний

hapana / chiripo

нічого / щось

kuru / duku

старий / молодий

batidza/dzima

вкл / викл

vhurika / vharika

відкрито / закрито

nyarara / ruzha

тихо / гучно

mupfumi / murombo

багатий / бідний

chakanaka / chakaipa

правильно / неправильно

kukasharara /
kutsvedzerera

шорсткий / гладкий

kusuwa / kufara

сумний / щасливий

pfupi / refu

короткий / довгий

nonoka / kurumidza

повільно / швидко

nyoro / oma

вологий / сухий

dziya / tonhora

гарячий / холодний

hondo / rugare

війна / мир

0

zero

нуль

1

potsi

один

2

piri

два

3

tatu

три

4

ina

чотири

5

shanu

п'ять

6

nhanhatu

шість

7

nomwe

сім

8

sere

вісім

9

pfumbamwe

дев'ять

10

gumi

десять

11

gumi neimwe

одинадцять

12

gumi nembiri

дванадцять

13

gumi netatu

тринадцять

14

gumi neina

чотирнадцять

15

gumi neshanu

п'ятнадцять

16

gumi nenhanhatu

шістнадцять

17

gumi nenomwe

сімнадцять

18

gumi nesere

вісімнадцять

19

gumi nepfumbamwe

дев'ятнадцять

20

makumi maviri

двадцять

100

zana

сто

1.000

chiuru

тисяча

1.000.000

miriyoni

мільйон

Chirungu

англійська

Chirungu chekuAmerica

американська англійська

Mandarin yekuChina

китайська
високочиновницька

ChiHindi

хінді

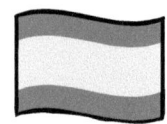

ChiSpanish

іспанська

ChiFrench

французька

ChiArabic

арабська

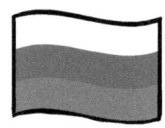

ChiRussian

російська

ChiPortuguese

португальська

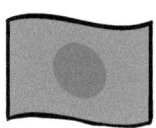

ChiBengali

бенгальська

ChiGerman

німецька

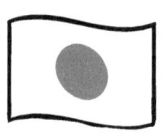

ChiJapanese

японська

ini

я

iwe / imi

ти

iye

він / вона / воно

isu

ми

imi

ви

ivo

вони

ani?

хто?

chii?

що?

sei?

як?

kupi?

де?

riini?

коли?

zita

ім'я

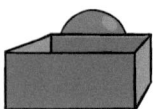

seri

ззаду

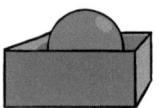

mukati

в

pamberi

перед

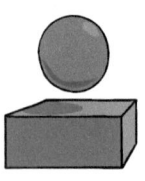

nepamusoro

над

pamusoro

на

pasi

під

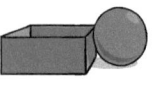

divi

біля

pakati

між

nzvimbo

місце